글 이자벨 필리오자 · 비올렌 리에폴로 · 샹탈 로즈망
그림 뤼시 뒤르비아노
옮김 정미애

멈춰,
그건 괴롭힘이야!

다림

목차

괴롭힘이란 무엇일까요?	6
괴롭힘의 종류	9
사이버 괴롭힘	14
청소년기에 뇌는 계속 성장해요	16
가해자, 피해자, 목격자	18
가해자	19
가해자를 도와주는 올바른 방법	22
피해자	24
스트레스	26
목격자	32
도움 요청하기	35
어른들의 역할	38
어른들이 잘 이해하지 못할 수 있어요	40
외부에 도움 요청하기	41
침묵 깨기	42
괴롭힘에 맞서는 당당한 우리들	43

괴롭힘이란 무엇일까요?

우리 몸이 보내는 신호에 주의를 기울여 보세요.
친구들과 함께 어울려 놀 때 즐겁고 기분이 좋다면 아무 문제가 없는 거예요.

하지만 왠지 가슴이 답답하고, 배가 아픈가요?
슬퍼서 눈물이 날 것 같고 어디론가 숨어 버리고 싶은가요?
그렇다면 무언가 문제가 생긴 거예요.
이런 느낌들이 계속된다면 괴롭힘을 의심해 보아야 해요.

괴롭힘의 종류

신체적 괴롭힘

신체적 괴롭힘은 쉽게 알아볼 수 있어요.
손으로 때리기, 물어뜯기, 머리카락이나 귀를 잡아당기기, 가방 뺏기,
소지품이나 공, 돌멩이와 같은 물건 던지기, 밀치기 등이 신체적 괴롭힘에 속해요.
처음에는 장난처럼 보일 수도 있지만,
계속되면 괴롭힘이라는 걸 모두 알 수 있을 거예요.

발 걸어 넘어트리기

몸으로 밀치기

주먹으로 때리기

머리카락 잡아당기기

물건 빼앗기

팔 비틀기

얼굴에 돌멩이 던지기

신체적 괴롭힘은 우리 몸을 아프게 해요.

정신적 괴롭힘

정신적 괴롭힘은 마음에 상처를 주는 괴롭힘으로, 겉으로는 잘 드러나지 않아요.
정신적 괴롭힘을 당하면 자신감이 떨어지고, 자신이 아주 작고 별 볼 일 없는 사람으로 여겨져요.
더 심하게는 자신의 생각이나 원하는 것들을 말할 권리조차 없다고 느끼게 돼요.
예를 들어 원하지 않는데도 따돌림당하지 않으려고
친구들이 좋아할 만한 머리 모양을 하거나 옷을 입는 것도 괴롭힘이 될 수 있어요.

정신적 괴롭힘에는 이런 것들이 있어요.

정신적 괴롭힘의 예:

친구 무리에 끼워 주지 않아요. 자기들끼리만 놀고, 화장실에 가둬 놓고 문을 잠그거나,
혼날 짓은 같이 해 놓고 어른이 오면 나 혼자 남겨 두고 도망가 버려요.

내가 다가가면 못 본 척하면서 고개를 돌리고, 재미있게 떠들다가도 말을 멈춰요.
여러 가지 방법으로 나를 불편하게 하고, 당황하게 만들어요.

상처 주는 행동들

❶ 상대를 욕하거나 조롱하는 말하기

❷ 상대를 무시하거나 감정 또는 말을 비웃거나 깔보기

❸ 상대를 헐뜯거나 비난하기

❹ 외모, 성별, 취향, 말투나 걸음걸이, 피부색, 인종, 종교에 대해 흉보기

❺ 상대의 부모에 대해 평가하기

❻ 상대를 아기나 바보 취급하기

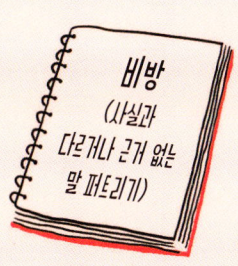

비방
(사실과 다르거나 근거 없는 말 퍼트리기)

협박

모욕 또는 조롱

비방, 모욕, 조롱, 협박에는 이런 것들이 있어요.

비방
상대의 자존감을 헤치려고 거짓된 말로 헐뜯고 비웃는 것

모욕
상대에게 상처를 주려고 깔보거나 업신여기는 것

협박
상대방이 공포를 느끼게 하거나 두렵게 만들어서 물건을 빼앗거나 원치 않는 일을 하도록 강요하는 것

조롱
상대를 웃음거리로 만들어 주변 사람들이 상대를 비웃게 하는 것

화제의 드라마 5편 연속 방영!
월요일 저녁 9시,
인생플러스 채널에서 만나요.

사이버 괴롭힘

휴대폰을 사용해 이루어지는 사이버 괴롭힘은
우리의 가장 내밀하고 사적인 공간까지 파고들어 괴롭히기 때문에 더욱 고통스러워요.

방과 후에도, 주말에도, 공휴일에도
심지어 방학 때까지도!
클레오를 향한 괴롭힘은 계속된다.
익명의 메시지들은 스마트폰과
컴퓨터를 타고 끈질기게 클레오를
따라다니는데….

괴롭힘은 거기서 끝나지 않는다.
인터넷에 올라온 글을 본
반 아이들은 클레오를 향해
쑥덕거린다.

처음 겪는 상황에
클레오는 어떻게 대응해야 할지,
누구에게 도움을 청해야 할지,
당황스럽기만 한데….

사이버 괴롭힘을 막기 위해
연구를 이어 온
다찾아 박사가 나섰다!

클레오를 위한 다찾아 박사의
솔루션은 무엇일까?
과연, 클레오는 이 시련을 이겨
낼 수 있을까?

온라인에서 아이들은 더 공격적으로 변하는 경우가 많아요.
절대 그들에게서 벗어날 수 없을 것만 같죠.
사이버 괴롭힘은 댓글이나 메시지로 시작돼요. 글을 쓰고 공유하는 건 쉽고,
그 글을 본 몇몇 아이들은 따라 하고 싶은 충동을 느끼죠.
그러면서 점점 더 많은 아이들이 괴롭힘에 동참하기 시작해요.
이제 혼자 힘으로는 헤어날 수가 없어요. 주위의 도움이 필요해요.

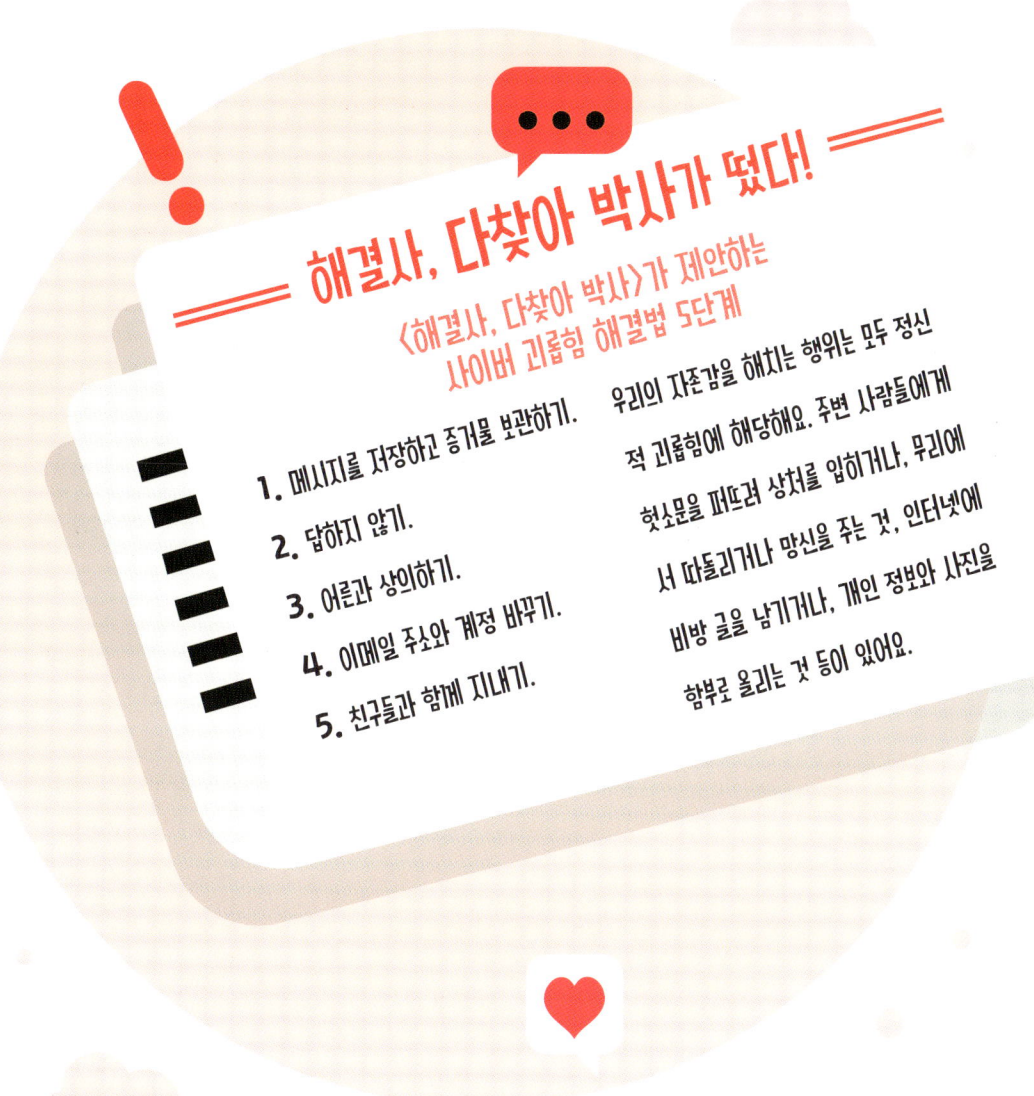

해결사, 다찾아 박사가 떴다!

〈해결사, 다찾아 박사〉가 제안하는 사이버 괴롭힘 해결법 5단계

1. 메시지를 저장하고 증거물 보관하기.
2. 답하지 않기.
3. 어른과 상의하기.
4. 이메일 주소와 계정 바꾸기.
5. 친구들과 함께 지내기.

우리의 자존감을 해치는 행위는 모두 정신적 괴롭힘에 해당해요. 주변 사람들에게 헛소문을 퍼뜨려 상처를 입히거나, 무리에서 따돌리거나 망신을 주는 것, 인터넷에 비방 글을 남기거나, 개인 정보와 사진을 함부로 올리는 것 등이 있어요.

청소년기에 뇌는 계속 성장해요

청소년기의 뇌는 계속해서 성장하고 변화해요.
사고가 넓어지는 것은 물론, 미적 감각이 발달하고 사회화에서도 엄청난 발전을 이루죠.
이 성장 과정에서 전두엽이 중요한 역할을 해요. 전두엽은 감정과 충동을 조절하고
행동을 계획해요. 그리고 그 행동을 벌였을 때 어떤 상황이 벌어질지 예측하기도 하지요.

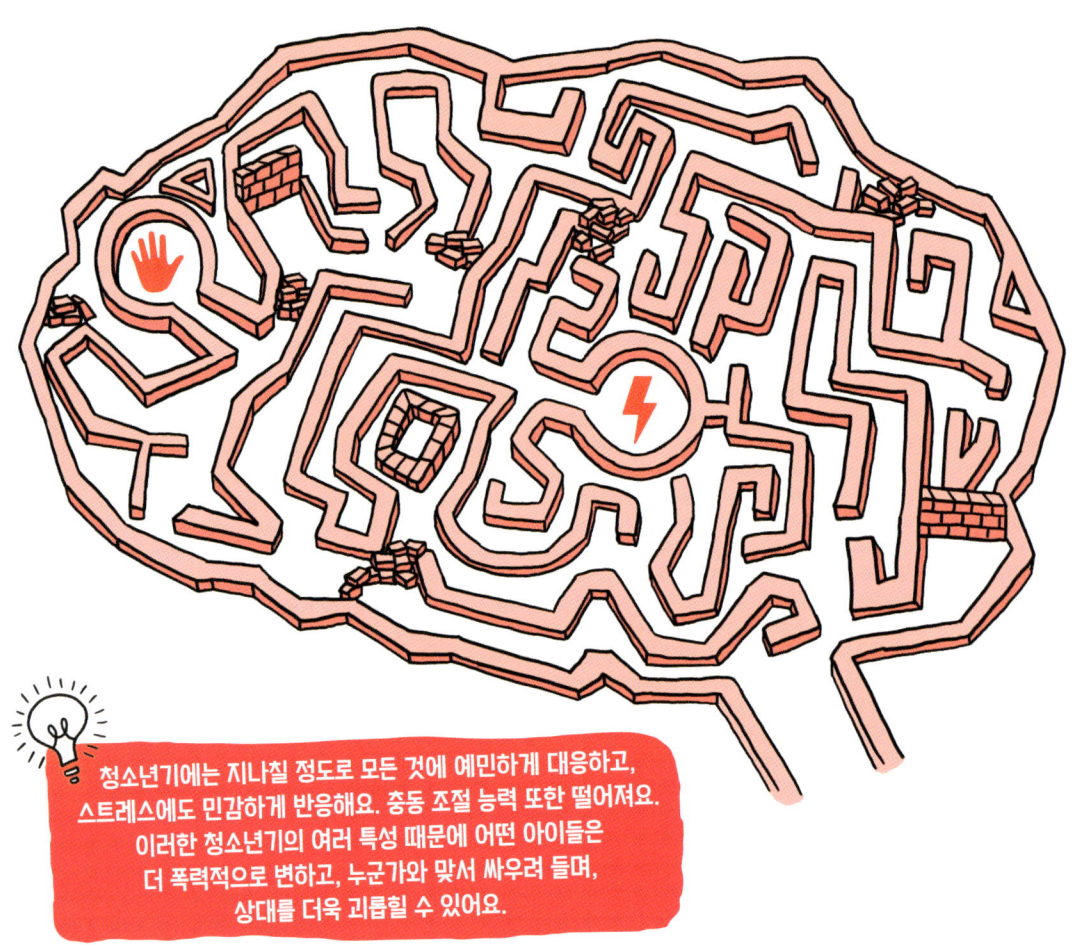

청소년기에는 지나칠 정도로 모든 것에 예민하게 대응하고,
스트레스에도 민감하게 반응해요. 충동 조절 능력 또한 떨어져요.
이러한 청소년기의 여러 특성 때문에 어떤 아이들은
더 폭력적으로 변하고, 누군가와 맞서 싸우려 들며,
상대를 더욱 괴롭힐 수 있어요.

이 시기에는 괴롭힘의 가해자, 피해자, 목격자 모두 예민하게 행동해요. 왜냐하면 청소년기의 뇌는 스트레스를 유발하는 호르몬들로 가득 차 있어서 충동을 제어하는 방법을 배우기가 쉽지 않기 때문이에요.

괴롭힘이 계속되면 피해자는 우울증에 걸리거나 심한 불안에 시달리는 등 회복하기 어려운 트라우마에 빠질 수 있어요. 더 심하면 자살 충동까지 느낄 수 있어요.

남을 괴롭히고 상처 주는 것, 괴롭힘을 당해 상처받는 것, 그러한 괴롭힘을 그대로 방관하는 것, 모두 우리의 자존감을 떨어트려요.

가해자, 피해자, 목격자

괴롭힘에는 가해자, 목격자, 그리고 괴롭힘당하는 피해자가 있어요.
우리는 언제든지 피해자 또는 가해자 그리고 목격자가 될 수 있어요.

가해자
왜 남을 괴롭히는 걸까요?

우리는 모두 어딘가에 속하길 원해요.
남을 괴롭히는 아이는 친구들 사이에서 특별한 위치를 차지해요.
그런 위치는 누군가에게는 두려움의 대상이 되기도 하고,
또 다른 이에게는 동경의 대상이 되기도 해요.
이때 가해자들은 자신이 강한 존재라고 느끼고,
뇌에서는 쾌락의 호르몬인 도파민이 분비돼요.

이 악순환을 끊는 건 쉽지 않아요.
남을 괴롭히지 않으면 자신의 자리를 빼앗길까 봐
두려워하기 때문이에요.

여기서 벗어나려면 주위의 도움이 필요해요.

가해자는 겉으로는 강한 척하지만,
속으로는 고립감과 두려움에 빠져요.
때로는 화도 나고 스스로가 약하다고 느낄 때도 있어요.

이럴 때는 크게 소리를 지르거나, 남을 때리거나 놀리고 싶어질 수 있어요.
하지만 이런 행동이 긴장과 불안을 덜어 주는 건 잠깐뿐이에요.

옛날부터 사람들은 경기장을 만들고 규칙을 세워 대결을 벌였어요.
서로의 힘과 민첩성, 그리고 지능을 겨뤘지요.
이를 통해 자신의 힘을 확인하고 또 남들에게 과시했어요.

하지만 쾌락과 흥분은 자신의 폭력적인 행동이 어떤 결과를 가져오는지 잊게 해요.

우리는 남을 괴롭히면서 자신이 매우 강한 사람이라고 느낄 수도 있고, 다른 사람보다 강한 자신에게 만족할 수 있어요.

가해자를 도와주는 올바른 방법

❶ 가해 아이가 부끄러움을 느끼지 않으면서 자기 행동을 되돌아보고 고쳐 나갈 수 있도록 도와줄 사람이 필요해요. 창피하고 부끄럽다는 생각이 들면 움츠러들고, 그런 자기 모습이 싫어지면 다시 강하고 힘센 사람이라는 걸 확인받기 위해 예전처럼 다른 아이들을 괴롭힐 수 있어요.

창피하고 부끄러워요.   **도움을 받는 느낌이에요.**

너한테 당한 아이 생각은 해 봤니?

넌 부끄럽지도 않니?

넌 결국 혼자 남게 될 거야!

네가 그렇지 뭐, 놀랍지도 않아!

당장 그만해!

넌 정말 못 말리는 아이구나!

무슨 일 있니?

힘들어 보이는구나?

걱정거리 있으면 얘기해 봐. 도와줄게.

네 친구한테 무슨 일이 일어나고 있는지 알려 줄 수 있니?

❷ 가해 아이가 예전과 다르게 행동하려면 도와줄 사람이 필요해요. 그들은 친구들을 웃기고 싶어서 괴롭혔다고 말해요. 이때 상처를 주지 않으면서도 친구들을 즐겁게 해 줄 수 있는 방법이 있다고 알려 줘야 해요. 예를 들어 재미있는 얘기를 한두 개 기억해 두었다가 친구들에게 들려주라고 해 보세요.

피해자

아이들 열 명 중 한 명이 학교에서 괴롭힘을 당하고 있대요.
여러 명에게 집단 따돌림을 당하거나, 한 명에게 괴롭힘당하는 경우도 있어요.

괴롭힘당하는 아이들이 느낄 수 있는 감정이에요.

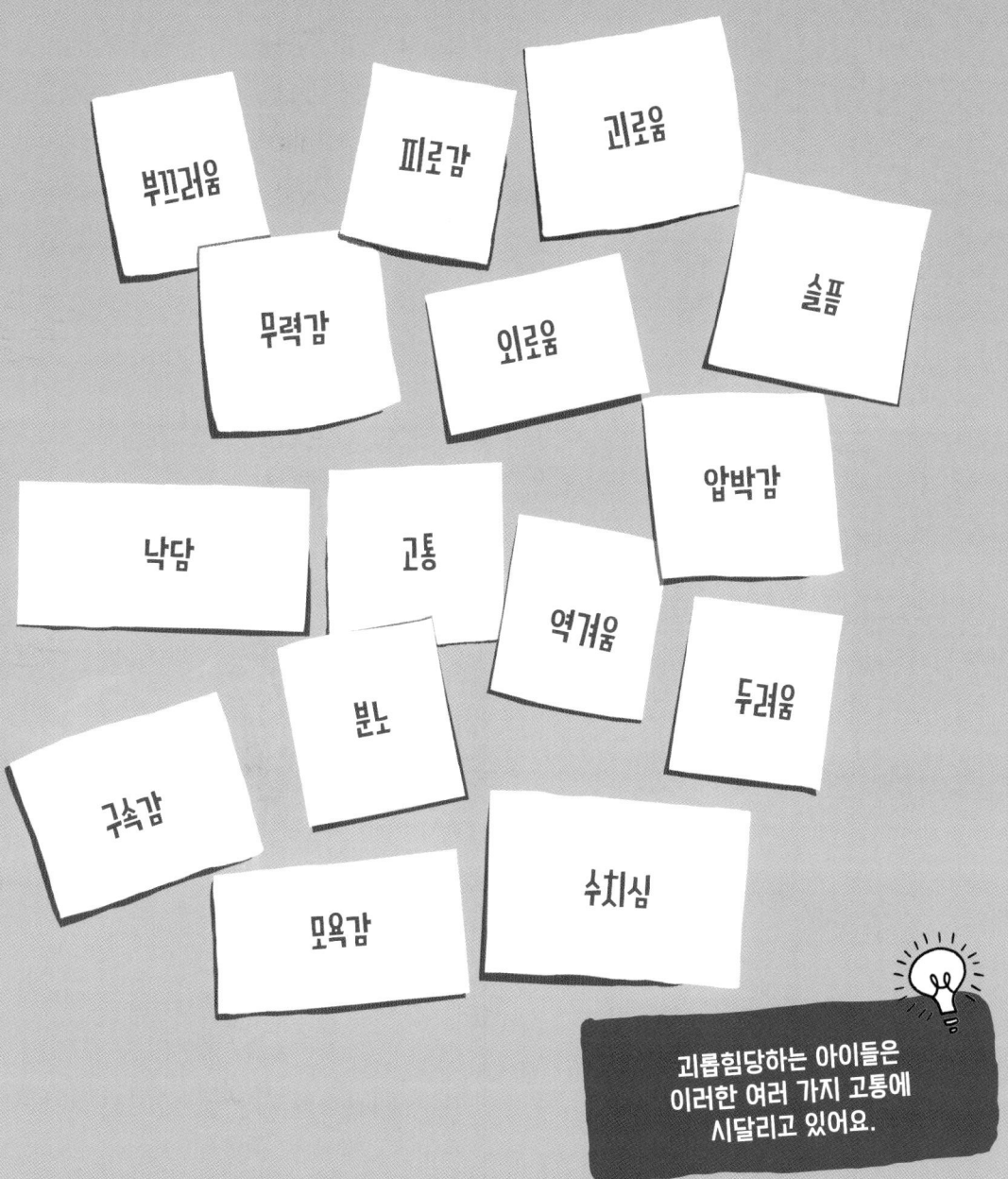

괴롭힘당하는 아이들은
이러한 여러 가지 고통에
시달리고 있어요.

스트레스

우리가 위험에 처하거나 괴롭힘을 당하면 마치 거대한 용 앞에 혼자 던져진 것처럼 무력감을 느끼게 되는데, 이럴 때 우리의 몸은 여러 반응을 보여요.

괴롭힘을 당하는 아이들은 모두 스트레스를 받아요. 이때 아드레날린, 코르티솔과 같은 호르몬이 분비되어 힘든 상황에 대처할 수 있도록 도와줘요.

괴롭힘을 당하면 ⟶ 스트레스 반응이 일어나요.

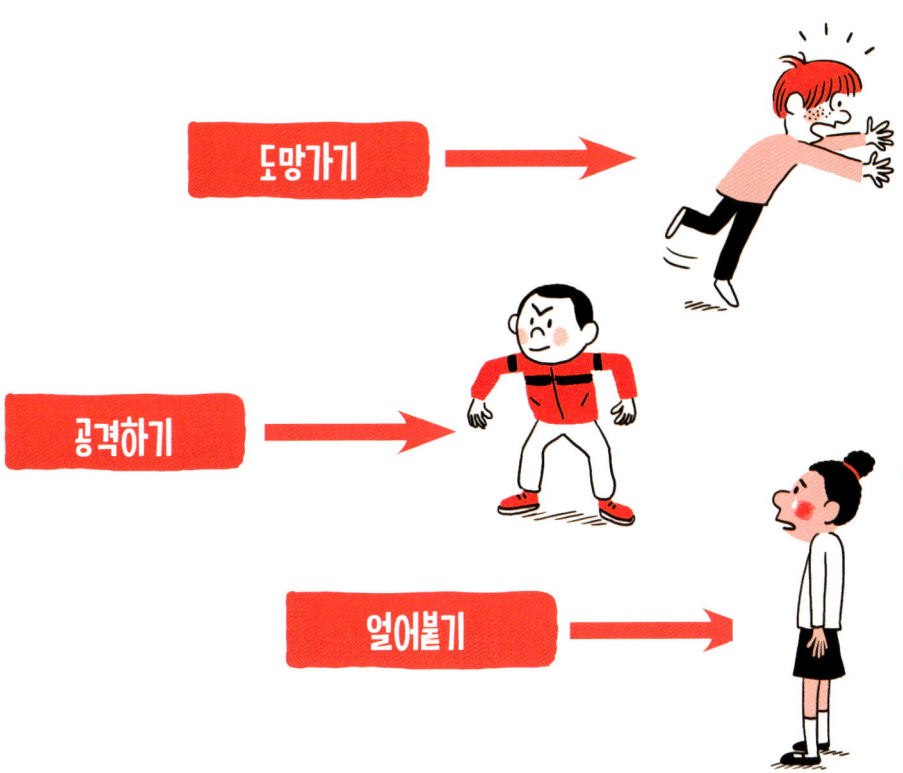

어떤 경우에는 지나치게 과잉 반응을 보이기도 해요.
다시 말해 지금 일어나고 있는 상황을 받아들이고 굴복하는 거예요.
예를 들어, 가해자가 간식을 달라고 하기도 전에 먼저 알아서 주게 될 경우,
피해자는 또 다른 굴욕감을 느끼게 돼요.

혹은 자신의 취향과 욕구를 포기하고 다른 사람들이 원하는 대로 옷을 입는 등,
어떻게든 상대방 마음에 들려고 애를 써요.

괴롭힘으로부터 어떻게 자신을 보호할 수 있을까요?

남을 괴롭히는 가해자들을 당황하게 하는 방법 중 하나는
그가 부정적인 말을 쏟아낼 때 오히려 긍정적인 말로 답하는 거예요.

한번 연습해 보세요. 누군가 날 놀릴 때 적절하게 대응할 수 있을 거예요.

괴롭힘을 당할 때 아래의 이미지 도구들을 사용하면 자신을 지켜 내고, 힘을 얻을 수 있어요.
보호막이 나를 지켜 주는 모습을 상상해 보세요.
뾰족한 말들이 보호막에 부딪혀 튕겨 나가는 모습을 떠올려 봐요.

괴롭힘을 당할 때 도움이 될 것 같은 이미지 도구를 선택해 보세요. 복사해서 마법의 부적처럼 주머니에 넣어 다녀도 좋을 거예요.

나는 특별하고 소중한 존재예요!

남을 괴롭히는 아이들은 뚱뚱하든 말랐든, 안경을 썼든 안 썼든, 학교에서 꼴등이든 일등이든 상관없이 어떻게든 트집거리를 찾아내요.

나는 다른 사람들처럼, 다른 사람들 만큼이나, 특별하고 소중해요.

목격자

괴롭힘당하는 친구를 못 본 척 방관하지 않고
적극적으로 나서서 그 친구를 보호해 주는 것은 쉬운 일이 아니에요.

목격자의 다양한 행동들:

무심하게 지켜보기, 깔깔대며 웃기, 머리 숙이고 외면하기,
더 해 보라고 부추기기, 불편해하기, 그 자리에서 벗어나기, 무관심하기.
때로는 다행히도 누군가에게 도움을 청하는 아이도 있어요.

친구 무리로부터 자신도 따돌림당하고 싶지 않기 때문에 괴롭힘을 목격하고도 침묵할 수 있어요.

두려움

친구가 괴롭힘을 당하는 걸 어른들에게 알려야겠다고 마음먹었을 때,
고자질쟁이라고 비난받거나 보복당하지 않을까 두려울 수도 있어요.
하지만 고통받는 친구를 도우려면 용기를 내야 해요.

친구가 괴롭힘 당하는 것을 목격했는데도 그냥 지나가면 용기를 내지 못했다는 생각에 부끄러움과 죄책감을 느낄 수 있어요.

도움 요청하기
어른에게 알리기

괴롭힘을 당했는데도 왜 어른에게 알리지 않는 걸까요?

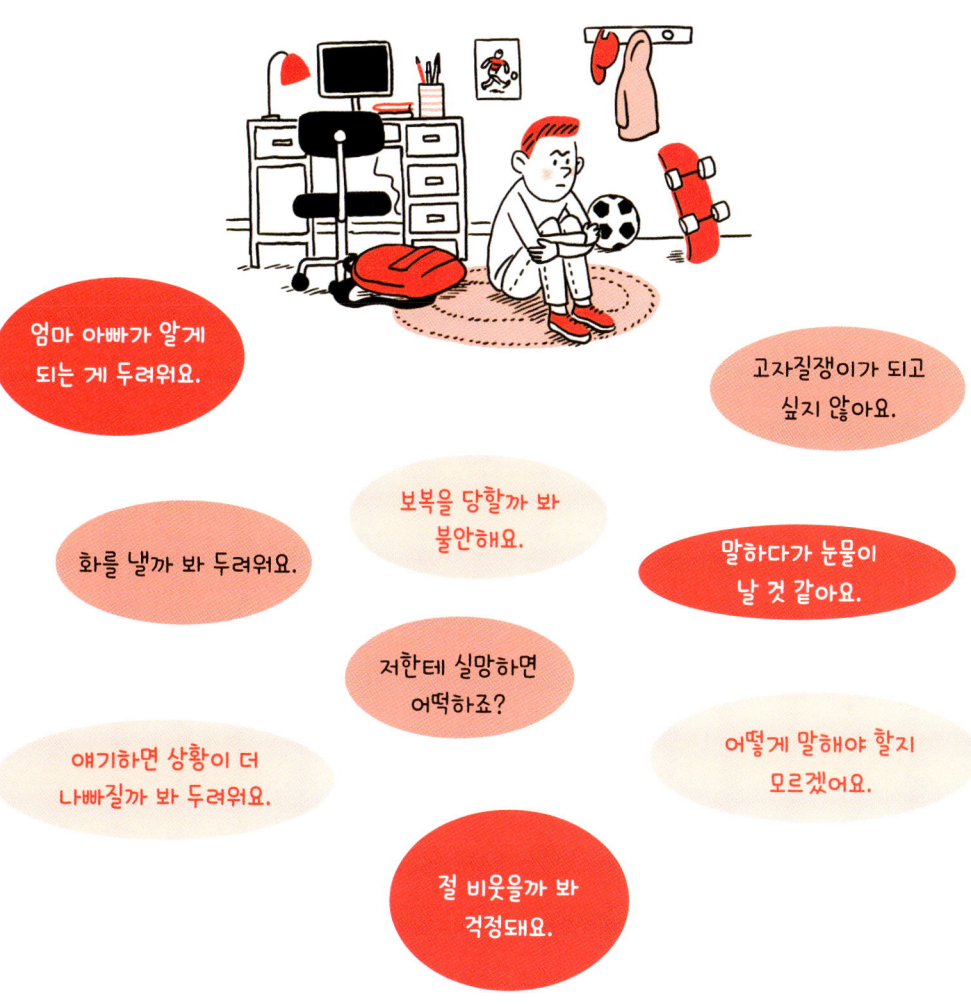

엄마 아빠가 알게 되는 게 두려워요.

고자질쟁이가 되고 싶지 않아요.

보복을 당할까 봐 불안해요.

화를 낼까 봐 두려워요.

말하다가 눈물이 날 것 같아요.

저한테 실망하면 어떡하죠?

얘기하면 상황이 더 나빠질까 봐 두려워요.

어떻게 말해야 할지 모르겠어요.

절 비웃을까 봐 걱정돼요.

아무리 무섭고 두려워도 도움을 요청해야 해요. 어른들이 해결책을 찾아 줄 거예요.

우리 모두에겐 놀라운 힘이 있어요.
누군가 괴롭힘당하는 걸 보면 용기를 내서
"멈춰!"라고 외치고, 도움의 손길을 내밀어 봐요.
친구들에게 그 아이를 지켜 주고 도와주자고 설득하고,
어른들에게도 무슨 일이 일어나고 있는지
알려야 해요.

목격자들은 괴롭힘을 막는 데
중요한 역할을 할 수 있어요.

어른들의 역할

괴롭힘을 당할 때 우리가 느낀 감정과 겪은 일들을 어른들에게 얘기하면 진지하게 들어 줄 거예요.

11월 어느 날, 아이들이 우르르 지나가면서 로자를 또 밀쳤어요.

어른들이 잘 이해하지 못할 수 있어요

때로는 어른들의 판단과 대응이 틀릴 수도 있어요.

의심하며 되물어요.

"네가 어떻게 했길래 그런 거니?"
"네가 먼저 짜증 나게 만든 건 아니고?"

아무 일도 아니라고 가볍게 말해요.

"아무것도 아니네. 친구끼리 장난친 거네."
"유난 떨지 말렴."
"너도 이제 다 컸잖아. 이겨 내야지."

도리어 혼내거나 가르치려고 해요.

"그렇게 큰일도 아니네. 징징대지 말고 강해져야지!"
"세상 살다 보면 이런저런 일을 많이 겪게 된단다."
"방금 네가 무슨 말 했는지 알긴 하니! 겁쟁이 같으니라고."

내가 겪고 있는 괴롭힘과 고민을 털어놓아도 어른들이 잘 들어 주지 않는다면,
귀 기울여 들어 주는 다른 어른을 찾아가 봐요.

외부에 도움 요청하기

학교에서의 괴롭힘은 법적으로 처벌되는 범죄예요.
가해자와 피해자의 나이에 따라 처벌이 달라질 수 있어요.
학교 선생님이나 교육 관계자들은 학생이 괴롭힘을 당했다는 사실을 알게 되면 바로 관할 경찰서에 신고해야 해요. 피해자와 그의 부모는 학교 폭력 대책 심의위원회를 소집할 수 있어요.
피해자는 사건 발생 후 최소 5년에서 최대 10년 동안 가해자를 고소할 수 있어요.
우리나라에는 여러 가지 도움을 줄 수 있는 기관들이 있어요.
이런 기관들에 전화하거나 어른에게 도움을 요청해도 돼요.

학교 폭력 신고센터: 117
관할 수사기관: 112
푸른나무재단 전국 학교 폭력 상담전화: 1588-9128
여성긴급전화: 1366
범죄피해자 긴급구호전화: 1577-1295
아동·청소년 전화상담센터: 1388
학교전담경찰관(SPO)
위센터(학생위기상담 종합지원 서비스): www.wee.go.kr

침묵 깨기

작은 시냇물이 모여 큰 강을 이루듯이,
폭력적인 행동들이 계속 반복되면 나중에는 심각한 괴롭힘 문제가 생길 수 있어요.

이제 괴롭힘에 대해 "멈춰!"라고 소리쳐야 해요.

괴롭힘에 맞서는 당당한 우리들

괴롭힘에 맞서는 자신만의 방법을 생각해 봐요.
더 당당하고, 더 자신감 넘치고, 더 많이 행복해질 수 있을 거예요.

글

이자벨 필리오자

이자벨 필리오자는 프랑스의 심리 치료사이자 작가로, 프랑스식 긍정 육아법을 구축한 학자입니다. 지난 30여 년 동안 부모로부터 상처받은 아이들과 육아에 어려움을 겪는 부모들을 도왔으며, 현재도 다양한 교육 기관과 워크숍을 운영하며 부모들과 전문가들에게 아이들을 어떻게 이해하고 대해야 하는지 교육하고 있습니다. 2019년에는 프랑스 정부가 신설한 '생후 1,000일' 위원회의 부회장으로 임명되어 활동했으며, 이 경험을 바탕으로 부모들에게 더 나은 정보를 제공하기 위해 '생후 1,000일의 집' 설립을 지원하고 있습니다. 저서로는 『놀면서 배우는 어린이 인권 수업』 『우리 아이 첫 자신감 노트』 『우리 아이 첫 감정 노트』 등 40여 권이 있습니다.

비올렌 리에폴로

비올렌 리에폴로는 오랫동안 아동, 청소년, 성인을 대상으로 갈등 해결 및 감정 조절, 스트레스 관리를 돕는 일을 해 왔습니다. 또한 게임, 자기표현, 대화 모임, 교육 세미나, 강연 등을 통해 사람들이 사회 심리적 능력을 키울 수 있도록 지원하고 있습니다.

샤탈 로즈망

샤탈 로즈망은 프랑스의 갈등 및 관계 교육학 전문 트레이너이자 작가로, 우울증, 스트레스 그리고 정신 건강 문제에 관한 책을 쓰고 강연하고 있습니다.

그림

뤼시 뒤르비아노

뤼시 뒤르비아노는 프랑스 카스텔사라쟁에서 태어난 만화가이자 일러스트레이터입니다. 특유의 따뜻하고 감성적인 그림으로 어린이와 청소년을 위한 도서에 그림을 그려 왔습니다. 니스의 빌라 아르송 예술 학교와 스트라스부르 장식 예술 학교에서 그래픽 아트와 삽화를 공부했습니다.

옮김

정미애

이화여자대학교에서 프랑스어를 공부했고, 벨기에 루뱅대학교에서 불문학 석사, 한국외국어대학교 통번역대학원 한불과에서 통번역 석사 학위를 받았습니다. 지금은 청평 호명산 아랫마을에서 프랑스책을 우리말로 옮기는 일을 하고 있고, 틈틈이 정원과 텃밭에 나가 꽃과 채소를 가꾸며 살고 있습니다. 지난 20여 년간 다양한 소설과 어린이책, 그리고 폭넓은 교양 서적들을 번역했습니다. 그중 어린이책으로는 『또 마트에 간 게 실수야!』 『용기가 말을 건넬 때』 『어느 날 내게 붉은 노트가』 『나만의 비밀 친구, 제8의 힘』 『로라에게 생긴 일』 『난민들』 등이 있습니다.

멈춰,
그건 괴롭힘이야!

초판 1쇄 발행 2024년 6월 17일

글 이자벨 필리오자, 비올렌 리에폴로, 샹탈 로즈망 | 그림 뤼시 뒤르비아노 | 옮김 정미애
편집장 천미진 | 편집책임 김현희 | 편집 최지우 | 디자인책임 최윤정
마케팅 한소정 | 경영지원 한지영

펴낸이 한혁수 | 펴낸곳 도서출판 다림 | 등록 1997. 8. 1. 제1-2209호
주소 07228 서울시 영등포구 영신로 220 KnK 디지털타워 1102호
전화 02-538-2913 | 팩스 070-4275-1693 | 블로그 blog.naver.com/darimbooks
다림 카페 cafe.naver.com/darimbooks | 전자 우편 darimbooks@hanmail.net

ISBN 978-89-6177-333-1 (77330)

Original edition: Stop ! au harcèlement
Copyright © 2023 by Editions Nathan, SEJER, Paris - France.
All rights reserved.

Korean translation copyright © 2024 by Darim Publishing Co.
Korean translation rights are arranged with Editions Nathan, SEJER through Amo Agency.

이 책의 한국어판 저작권은 AMO 에이전시를 통해 저작권자와 독점 계약한 다림에 있습니다.
저작권법에 의해 한국 내에서 보호를 받는 저작물이므로 무단 전재와 무단 복제를 금합니다.

제품명: 멈춰, 그건 괴롭힘이야!	제조자명: 도서출판 다림	제조국명: 대한민국	⚠ 주 의
전화번호: 02-538-2913	주소: 서울시 영등포구 영신로 220 KnK 디지털타워 1102호		아이들이 책을 입에 대거나
제조년월: 2024년 6월 17일	사용연령: 10세 이상		모서리에 다치지 않게
※KC마크는 이 제품이 공통안전기준에 적합하였음을 의미합니다.			주의하세요.